Impressum
Verlag: BABADADA GmbH, Nedderfeld 112 , 22529 Hamburg
Geschäftsführer / Verlagsleitung: Harald Hof
Druck: Books on Demand GmbH, In de Tarpen 42, 22848 Norderstedt

Imprint
Publisher: BABADADA GmbH, Nedderfeld 112 , 22529 Hamburg, Germany
Managing Director / Publishing direction: Harald Hof
Print: Books on Demand GmbH, In de Tarpen 42, 22848 Norderstedt, Germany

klaslokaal
aula

delen
dividir

186/2

bord
pizarrón

leerkracht
maestro

speelplaats
patio de escuela

papier
pap

schrijven
escribir

pen
birome

bureau
escritorio

liniaal
regla

boek
libro

leerling
alumno

schooltas
mochila

pennenzak
caja de lápices

potlood
lápiz

puntenslijper
sacapuntas

gom
goma de borrar

Beeldwoordenboek
diccionario visual

tekenblok

bloc de dibujo

tekening

dibujo

verfborstel

pincel

verfdoos

caja de pinturas

schaar

tijera

lijm

pegamento

werkboek

cuaderno de ejercicios

huiswerk

tarea

nummer

número

optellen

sumar

aftrekken

restar

vermenigvuldigen

multiplicar

rekenen

calcular

letter

letra

ABCDEFG
HIJKLMN
OPQRSTU
VWXYZ

alfabet

alfabeto

woord

palabra

tekst

texto

Lezen

leer

krijt

tiza

les

lección

klassenboek

cuaderno de clase

examen

examen

certificaat

certificado

schooluniform

uniforme escolar

onderwijs

educación

encyclopedie

enciclopedia

universiteit

universidad

microscoop

microscopio

kaart

mapa

papiermand

tacho de basura

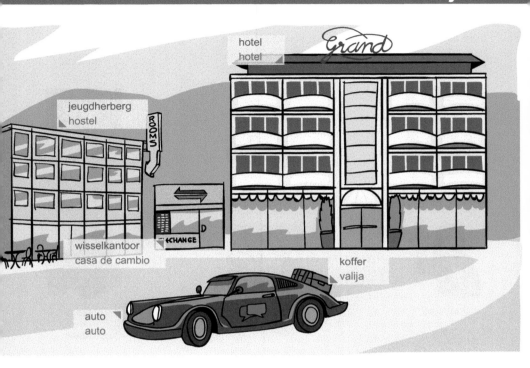

hotel
hotel

jeugdherberg
hostel

wisselkantoor
casa de cambio

koffer
valija

auto
auto

Taal

idioma

ja / nee

sí / no

oké

Está bien

hallo

hola

vertaler

traductor

bedankt

Gracias

Hoeveel kost …?

¿cuánto cuesta…?

Ik begrijp het niet

No entiendo

probleem

problema

Goedenavond!

¡Buenas tardes!

Goedemorgen!

¡Buenos días!

Goedenavond!

¡Buenas noches!

Tot ziens

adiós

richting

dirección

bagage

equipaje

zak

bolso

rugzak

mochila

gast

invitado

kamer

habitación

slaapzak

bolsa de dormir

tent

carpa

reis - viaje

toeristeninformatie

información turística

strans

playa

kredietkaart

tarjeta de crédito

ontbijt

desayuno

lunch

almuerzo

avondeten

cena

ticket

pasaje

lift

ascensor

postzegel

sello

grens

frontera

douane

aduana

ambassade

embajada

visum

visa

paspoort

pasaporte

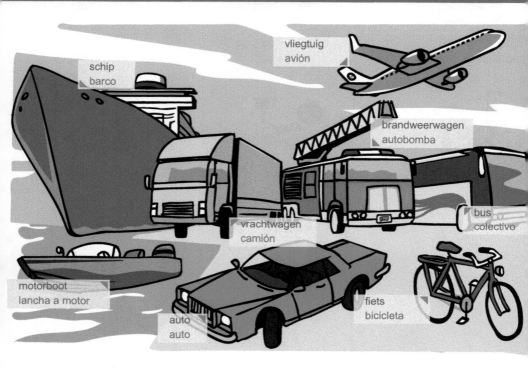

vliegtuig
avión

schip
barco

brandweerwagen
autobomba

bus
colectivo

vrachtwagen
camión

motorboot
lancha a motor

fiets
bicicleta

auto
auto

veerboot

ferry

boot

bote

motor

moto

politiewagen

patrullero

racewagen

auto de carreras

huurauto

auto de alquiler

carpoolen

alquiler de autos

sleepwagen

grúa

vuilniswagen

camión de basura

motor

motor

benzine

nafta

benzinestation

estación de servicio

verkeersbord

señal de tránsito

verkeer

tránsito

file

embotellamiento

parkeerplaats

estacionamiento

station

estación de tren

sporen

vías

trein

tren

tram

tranvía

wagon

vagón

helikopter

helicóptero

luchthaven

aeropuerto

toren

torre

passagier

pasajero

container

contenedor

karton

caja de cartón

kar

carretilla

mand

canasta

opstijgen / landen

despegar / aterrizar

stad
ciudad

dorp

pueblo

stadscentrum

centro de ciudad

huis

casa

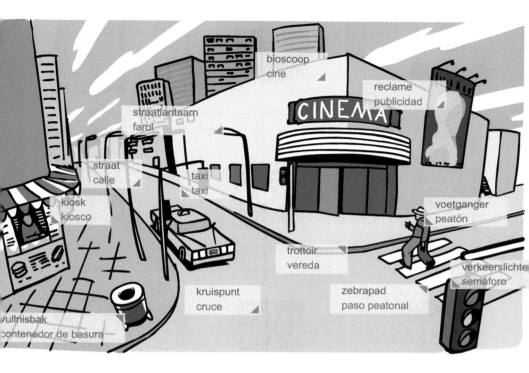

bioscoop
cine

reclame
publicidad

straatlantaarn
farol

CINEMA

straat
calle

taxi
taxi

kiosk
kiosco

voetganger
peatón

trottoir
vereda

verkeerslichte
semáforo

kruispunt
cruce

zebrapad
paso peatonal

vuilnisbak
contenedor de basura

hut
cabaña

woning
departamento

station
estación de tren

stadshuis
municipalidad

museum
museo

school
colegio

universiteit

universidad

bank

banco

ziekenhuis

hospital

hotel

hotel

apotheek

farmacia

kantoor

oficina

boekwinkel

librería

winkel

negocio

bloemenwinkel

florería

supermarkt

supermercado

markt

mercado

warenhuis

grandes tiendas

vishandelaar

pescadería

winkelcentrum

centro comercial

haven

puerto

park

parque

bank

banco

brug

puente

trap

escaleras

metro

subte

tunnel

túnel

bushalte

parada dcolectivo

bar

bar

restaurant

restaurante

brievenbus

buzón

straatnaambord

letrero

parkeermeter

parquímetro

zoo

zoológico

zwembad

pileta

moskee

mezquita

boerderij
granja

milieuverontreiniging
contaminación

kerkhof
cementerio

kerk
iglesia

speelplaats
juegos infantiles

tempel
templo

landschap
paisaje

blad
hoja

wegwijzer
poste indicador

weg
camino

weide
pradera

steen
piedra

boom
árbol

wandelaar
excursionista

rivier
río

gras
hierba

bloem
flor

vallei
valle

heuvel
montaña

meer
lago

bos
bosque

woestijn
desierto

vulkaan
volcán

kasteel
castillo

regenboog
arco iris

paddenstoel
champiñón

palmboom
palmera

mug
mosquito

vlieg
mosca

mier
hormiga

bijl
abeja

spin
araña

landschap - paisaje

15

kever

escarabajo

kikker

rana

eekhoorn

ardilla

egel

erizo

haas

liebre

uil

lechuza

vogel

pájaro

zwaan

cisne

wild zwijn

jabalí

hert

ciervo

eland

alce

dam

presa

windturbine

aerogenerador

zonnepaneel

pansolar

klimaat

clima

ober
mozo

menu
menú

stoel
silla

soep
sopa

pizza
pizza

tafelkleed
mantel

bestek
cubiertos

voorgerecht
entrada

hoofdgerecht
plato principal

nagerecht
postre

drankjes
bebidas

eten
comida

fles
botella

fastfood

comida rápida

street food

comida callejera

theepot

tetera

suikerpot

azucarera

portie

porción

espressomachine

cafetera expreso

kinderstoel

sillita alta

rekening

cuenta

dienblad

bandeja

mes

cuchillo

vork

tenedor

lepel

cuchara

theelepel

cucharita

serviette

servilleta

glas

vaso

bord
....
plato

soepbord
....
plato hondo

schoteltje
....
plato

saus
....
salsa

zoutvatje
....
salero

pepermolen
....
molinillo de pimienta

azijn
....
vinagre

olie
....
aceite

kruiden
....
especias

ketchup
....
kétchup

mosterd
....
mostaza

mayonaise
....
mayonesa

aanbieding
oferta especial

klant
cliente

zuivelproducten
lácteos

fruit
fruta

winkelwagen
changuito

slagerij
carnicería

bakkerij
panadería

wegen
pesar

groenten
verduras

vlees
carne

diepvriesvoedsel
alimentos congelados

charcuterie

fiambres

conserven

alimentos enlatados

waspoeder

detergente en polvo

snoep

golosinas

huishoudproducten

electrodomésticos

schoonmaakproducten

productos de limpieza

verkoopster

vendedora

kassa

caja

kassier

cajero

boodschappenlijstje

lista de compras

openingstijden

horario de atención

portefeuille

billetera

kredietkaart

tarjeta de crédito

tas

cartera

plastieken zakje

bolsa de plástico

water

agua

sap

jugo

melk

leche

cola

bebida cola

wijn

vino

bier

cerveza

alcohol

alcohol

cacao

cacao

thee

té

koffie

café

espresso

café expreso

cappuccino

cappuccino

banaan

banana

appel

manzana

sinaasappel

naranja

meloen

melón

citroen

limón

wortel

zanahoria

knoflook

ajo

bamboe

bambú

ui

cebolla

champignon

champiñón

noten

nueces

noodles

fideos

spaghetti

tallarines

rijst

arroz

salade

ensalada

frieten

papas fritas

gebakken aardappelen

papas fritas

pizza

pizza

hamburger

hamburguesa

sandwich

sándwich

kalfslapje

churrasco

ham

jamón

salami

salame

worst

salchicha

kip

pollo

braden

asado

vis

pescado

havervlokken
copos de avena

muesli
muesli

cornflakes
copos de maíz

bloem
harina

croissant
medialuna

pistolet
pancito

brood
pan

toast
tostada

koekjes
galletitas

boter
manteca

kwark
cuajada

taart
torta

ei
huevo

spiegelei
huevo frito

kaas
queso

ijs

helado

suiker

azúcar

honing

miel

confituur

mermelada

choco

pasta de chocolate

curry

curry

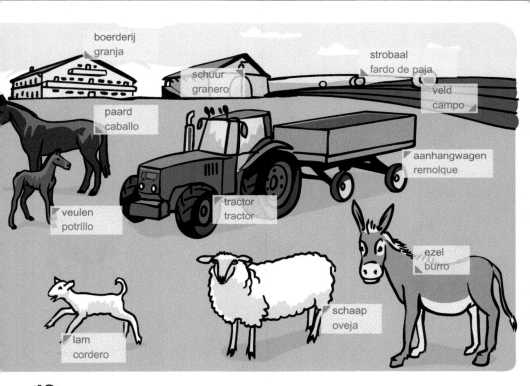

boerderij
granja

schuur
granero

strobaal
fardo de paja

veld
campo

paard
caballo

aanhangwagen
remolque

veulen
potrillo

tractor
tractor

ezel
burro

schaap
oveja

lam
cordero

geit

cabra

koe

vaca

kalf

ternero

varken

cerdo

biggetje

lechón

stier

toro

gans
ganso

eend
pato

kuiken
pollo

kip
gallina

haan
gallo

rat
rata

kat
gato

muis
ratón

os
buey

hond
perro

hondenhok
cucha

tuinslang
manguera

gieter
regadera

zeis
guadaña

ploeg
arado

sikkel
hoz

schoffel
azada

hooivork
horquilla

bijl
hacha

kruiwagen
carretilla

trog
abrevadero

melkkan
lechera

zak
bolsa

hek
verja

stal
establo

broeikas
invernadero

bodem
suelo

zaad
semilla

mest
fertilizador

maaidorser
cosechadora

oogsten

cosechar

oogst

cosecha

yam

batatas

tarwe

trigo

soja

soja

aardappel

papa

maïs

maíz

koolzaad

semilde colza

fruitboom

árbol frutal

maniok

mandioca

graan

cereales

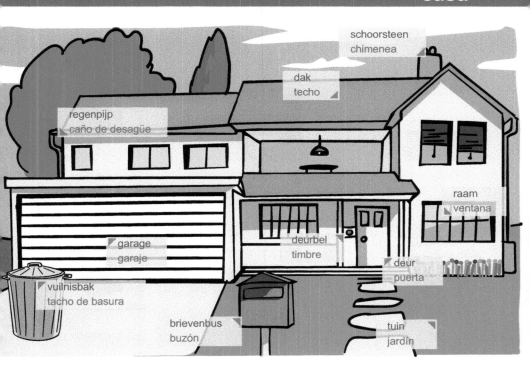

schoorsteen
chimenea

dak
techo

regenpijp
caño de desagüe

raam
ventana

garage
garaje

deurbel
timbre

deur
puerta

vuilnisbak
tacho de basura

brievenbus
buzón

tuin
jardín

woonkamer
living

badkamer
baño

keuken
cocina

slaapkamer
dormitorio

kinderkamer
cuarto de los chicos

eetkamer
comedor

vloer

piso

muur

pared

plafond

cielorraso

kelder

sótano

sauna

sauna

balkon

balcón

terras

terraza

zwembad

pileta

grasmaaier

cortadora de pasto

dekbedovertrek

sábana

dekbed

colcha

bed

cama

bezem

escoba

emmer

balde

schakelaar

interruptor

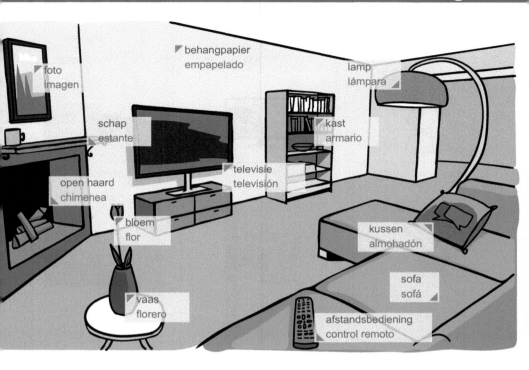

behangpapier
empapelado

foto
imagen

lamp
lámpara

schap
estante

kast
armario

televisie
televisión

open haard
chimenea

bloem
flor

kussen
almohadón

sofa
sofá

vaas
florero

afstandsbediening
control remoto

mat	gordijn	tafel
alfombra	cortina	mesa

stoel	schommelstoel	fauteuil
silla	mecedora	sillón

boek

libro

deken

frazada

decoratie

decoración

brandhout

leña

film

película

stereo-installatie

equipo de música

sleutel

llave

krant

diario

schilderij

pintura

poster

póster

radio

radio

notitieboekje

cuaderno

stofzuiger

aspiradora

cactus

cactus

kaars

vela

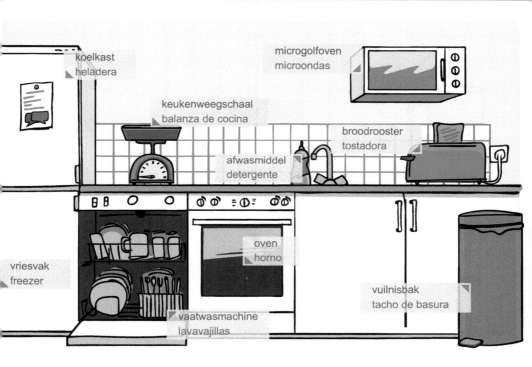

koelkast
heladera

microgolfoven
microondas

keukenweegschaal
balanza de cocina

broodrooster
tostadora

afwasmiddel
detergente

oven
horno

vriesvak
freezer

vuilnisbak
tacho de basura

vaatwasmachine
lavavajillas

fornuis
cocina

pot
olla

gietijzeren pot
olde hierro fundido

wok / kadai
wok

pan
sartén

waterkoker
pava

stoomkoker

vaporera

bakplaat

bandeja de horno

servies

vajilla

mok

taza

kom

bol

eetstokjes

palitos

pollepel

cucharón

spatel

espumadera

garde

batidora

vergiet

colador

zeef

colador

rasp

rallador

mortier

mortero

barbecue

parrilla

haardvuur

fogata

snijplank
tabde picar

deegrol
palo de amasar

kurkentrekker
sacacorchos

blik
lata

blikopener
abrelatas

pannenlap
manopla

gootsteen
pileta

borstel
cepillo

spons
esponja

blender
batidora

vriezer
congelador

papfles
mamadera

kraan
canilla

badkamer
baño

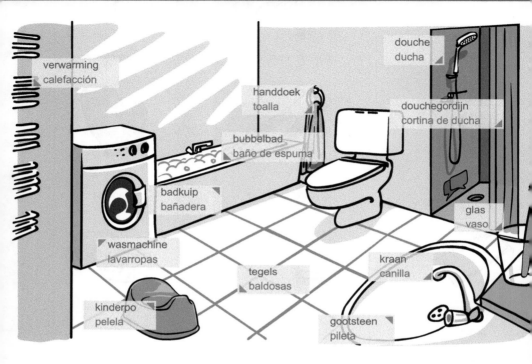

verwarming
calefacción

douche
ducha

handdoek
toalla

douchegordijn
cortina de ducha

bubbelbad
baño de espuma

badkuip
bañadera

glas
vaso

wasmachine
lavarropas

kraan
canilla

tegels
baldosas

kinderpo
pelela

gootsteen
pileta

toilet
....
inodoro

hurktoilet
....
letrina

bidet
....
bidé

urinoir
....
mingitorio

toiletpapier
....
paphigiénico

toiletborstel
....
cepillo para inodoro

tandenborstel

cepillo de dientes

tandpasta

dentífrico

flosdraad

hilo dental

wassen

lavar

handdouche

ducha de mano

bidethanddouche

ducha higiénica

waskom

palangana

rugborstel

cepillo para espalda

zeep

jabón

douchegel

gde ducha

shampoo

champú

washandje

toallita

afvoer

desagüe

crème

crema

deodorant

desodorante

spiegel

espejo

handspiegel

espejito

scheermes

maquinita de afeitar

scheerschuim

espuma de afeitar

aftershave

loción para después de
afeitarse

kam

peine

borstel

cepillo

haardroger

secador de pelo

haarlak

spray

make-up

maquillaje

lippenstift

lápiz de labios

nagellak

esmalte para uñas

watten

algodón

nagelknipper

tijera para uñas

parfum

perfume

toilettas

neceser

kruk

banqueta

weegschaal

balanza

badjas

bata

latex handschoenen

guantes de goma

tampon

tampón

maandverband

toallita femenina

chemisch toilet

baño químico

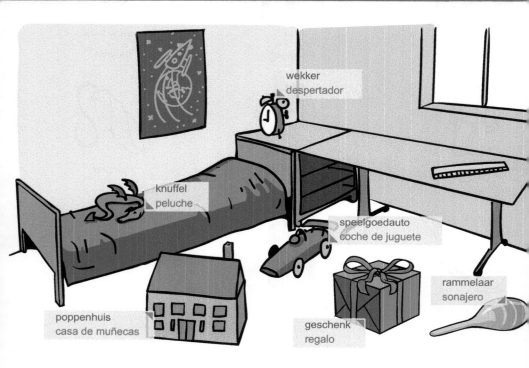

wekker
despertador

knuffel
peluche

speelgoedauto
coche de juguete

rammelaar
sonajero

poppenhuis
casa de muñecas

geschenk
regalo

ballon
globo

bed
cama

kinderwagen
cochecito

spel kaarten
cartas

puzzel
rompecabezas

stripboek
historieta

legoblokjes

piezas de lego

blokken

ladrilde juguete

actiefiguur

figura de acción

kruippakje

enterito de bebé

frisbee

frisbee

mobiel

móvil para bebés

bordspel

juego de mesa

dobbelsteen

dados

modelspoorweg

tren eléctrico

fopspeen

maniquí

feest

fiesta

prentenboek

libro de cuentos ilustrado

bal

pelota

pop

muñeca

spelen

jugar

zandbak

arenero

schommel

hamaca

speelgoed

juguetes

spelconsole

consode videojuegos

driewieler

triciclo

knuffelbeer

osito de peluche

kleerkast

ropero

kleding
ropa

sokken

medias

kousen

medias panty

maillot

calzas

sjaal
bufanda

paraplu
paraguas

T-shirt
remera

riem
cinturón

laarzen
botas

slippers
pantuflas

sneakers
zapatillas

sandalen

sandalias

schoenen

zapatos

rubberlaarzen

botas de goma

onderbroek

ropa interior

beha

corpiño

onderhemd

chaleco

lichaam

body

broek

pantalones

jeans

jeans

rok

pollera

blouse

blusa

hemd

camisa

trui

pulóver

capuchontrui

buzo con capucha

blazer

blazer

jas

campera

jas

tapado

regenjas

piloto

kostuum

traje

jurk

vestido

trouwjurk

vestido de novia

pak
....
traje

nachthemd
....
camisón

pyjama
....
pijama

sari
....
sari

hoofddoek
....
pañuelo para cabeza

tulband
....
turbante

boerka
....
burka

kaftan
....
caftán

abaya
....
abaya

badpak
....
traje de baño

zwembroek
....
short de baño

short
....
shorts

trainingspak
....
jogging

schort
....
delantal

handschoenen
....
guantes

knoop

botón

bril

anteojos

armband

pulsera

ketting

collar

ring

anillo

oorbel

aro

pet

gorra

kapstok

percha

hoed

sombrero

das

corbata

rits

cierre

helm

casco

bretellen

tiradores

schooluniform

uniforme escolar

uniform

uniforme

slabbetje
....
babero

fopspeen
....
maniquí

luier
....
pañal

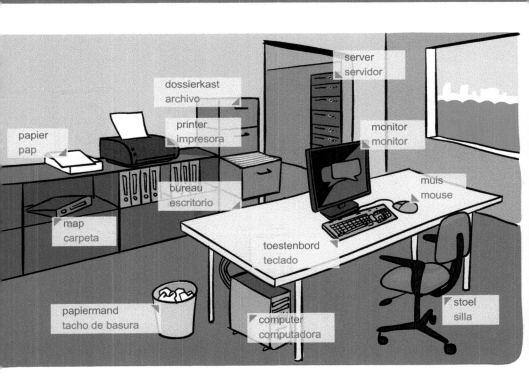

server
servidor

dossierkast
archivo

printer
impresora

papier
pap

monitor
monitor

bureau
escritorio

muis
mouse

map
carpeta

toestenbord
teclado

papiermand
tacho de basura

stoel
silla

computer
computadora

koffiemok
....
taza de café

rekenmachine
....
calculadora

internet
....
internet

laptop	brief	bericht
laptop	carta	mensaje
gsm	netwerk	kopieerapparaat
celular	red	fotocopiadora
software	telefoon	stopcontact
software	teléfono	tomacorriente
fax	formulier	document
fax	formulario	documento

kopen
....
comprar

betalen
....
pagar

handelen
....
hacer negocios

geld
....
dinero

 USD

dollar
....
dólar

 EUR

euro
....
euro

 JPY

yen
....
yen

 RUB

roebel
....
rublo

 CHF

Zwitserse frank
....
franco suizo

 CNY

Chinese renminbi
....
yuan

 INR

roepie
....
rupia

geldautomaat
....
cajero automático

wisselkantoor

casa de cambio

goud

oro

zilver

plata

olie

petróleo

energie

energía

prijs

precio

contract

contrato

belasting

impuesto

aandeel

acción

werken

trabajar

werknemer

empleado

werkgever

empleador

fabriek

fábrica

winkel

negocio

politieagent
policía

brandweerman
bombero

kok
cocinero

dokter
médico

piloot
piloto

tuinman

jardinero

timmerman

carpintero

naaister

modista

rechter

juez

chemicus

farmacéutico

acteur

actor

buschauffeur

colectivero

taxichauffeur

taxista

visser

pescador

schoonmaakster

mucama

dakdekker

techista

ober

mozo

jager

cazador

schilder

pintor

bakker

panadero

elektricien

electricista

bouwvakker

albañil

ingenieur

ingeniero

slager

carnicero

loodgieter

plomero

postbode

cartero

54

soldaat

soldado

architect

arquitecto

kassier

cajero

bloemist

florista

kapper

peluquero

conducteur

cobrador

mecanicien

mecánico

kapitein

capitán

tandarts

dentista

wetenschapper

científico

rabbijn

rabino

imam

imán

monnik

monje

geestelijke

sacerdote

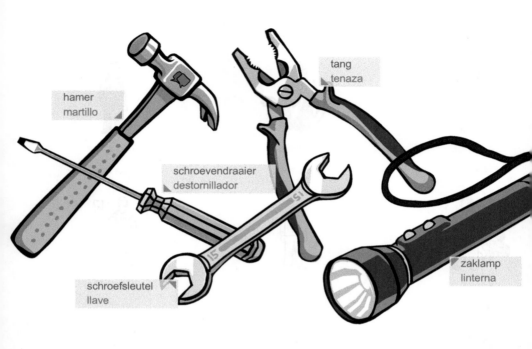

hamer
martillo

tang
tenaza

schroevendraaier
destornillador

schroefsleutel
llave

zaklamp
linterna

graafmachine

excavadora

gereedschapskoffer

caja de herramientas

ladder

escalera portátil

zaag

sierra

spijkers

clavos

boormachine

taladro

repareren

arreglar

schop

pade jardín

Verdomme!

¡Qué bronca!

blik

pade plástico

verfpot

tacho de pintura

schroeven

tornillos

muziekinstrumenten
instrumentos musicales

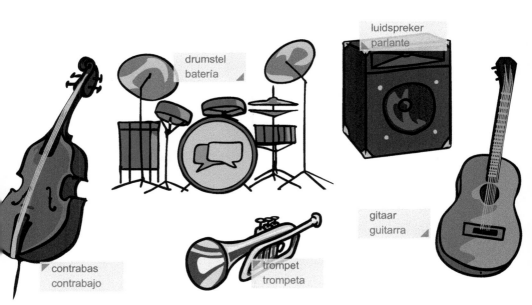

luidspreker
parlante

drumstel
batería

gitaar
guitarra

contrabas
contrabajo

trompet
trompeta

piano
piano

viool
violín

basgitaar
bajo

pauk
timbales

trommels
tambor

keyboard
teclado

saxofoon
saxofón

fluit
flauta

microfoon
micrófono

ingang
entrada

tijger
tigre

kooi
jaula

zebra
cebra

diereneten
alimento para animales

panda
oso panda

dieren
....
animales

olifant
....
elefante

kangoeroe
....
canguro

neushoorn
....
rinoceronte

gorilla
....
gorila

beer
....
oso

kameel

camello

struisvogel

avestruz

leeuw

león

aap

mono

flamingo

flamenco

papegaai

loro

ijsbeer

oso polar

pinguïn

pingüino

haai

tiburón

pauw

pavo real

slang

serpiente

krokodil

cocodrilo

dierenverzorger

cuidador dzoológico

zeehond

foca

jaguar

jaguar

pony
poni

luipaard
leopardo

nijlpaard
hipopótamo

giraffe
jirafa

adelaar
águila

wild zwijn
jabalí

vis
pescado

zeeschildpad
tortuga

walrus
morsa

vos
zorro

gazelle
gacela

rugby
fútbol americano

wielrennen
ciclismo

tennis
tenis

basketbal
básquet

zwemmen
natación

boksen
boxeo

ijshockey
hockey sobre hielo

voetbal

fútbol

badminton

bádminton

atletiek

atletismo

handbal

handball

skiën

esquí

polo

polo

springen
saltar

knuffelen
abrazar

lachen
reír

zingen
cantar

wandelen
caminar

bidden
rezar

kussen
besar

dromen
soñar

schrijven

escribir

tekenen

dibujar

tonen

mostrar

duwen

presionar

geven

dar

nemen

tomar

activiteiten - actividades   63

hebben
tener

doen
hacer

zijn
ser

staan
estar parado

lopen
correr

trekken
tirar

gooien
tirar

vallen
caer

liggen
estar acostado

wachten
esperar

dragen
llevar

zitten
estar sentado

aankleden
vestirse

slapen
dormir

ontwaken
despertar

kijken naar

mirar

wenen

llorar

aaien

acariciar

kammen

peinar

praten

hablar

begrijpen

entender

vragen

preguntar

luisteren

escuchar

drinken

beber

eten

comer

opruimen

ordenar

houden van

amar

koken

cocinar

rijden

manejar

vliegen

volar

zeilen

navegar

rekenen

calcular

Lezen

leer

leren

aprender

werken

trabajar

trouwen

casarse

naaien

coser

tandenpoetsen

cepillarse los dientes

doden

matar

roken

fumar

sturen

enviar

grootmoeder
abuela

grootvader
abuelo

vader
padre

moeder
madre

baby
bebé

dochter
hija

zoon
hijo

gast

invitado

tante

tía

oom

tío

broer

hermano

zus

hermana

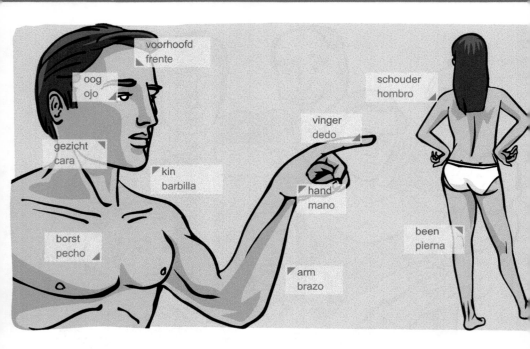

voorhoofd
frente

oog
ojo

schouder
hombro

vinger
dedo

gezicht
cara

kin
barbilla

hand
mano

borst
pecho

been
pierna

arm
brazo

baby
bebé

man
hombre

vrouw
mujer

meisje
nena

jongen
nene

hoofd
cabeza

rug
espalda

buik
barriga

navel
ombligo

teen
dedo dpie

hiel
talón

bot
hueso

heup
cadera

knie
rodilla

elleboog
codo

neus
nariz

zitvlak
trasero

huid
piel

wang
mejilla

oor
oreja

lip
labio

mond
boca

tand
diente

tong
lengua

hersenen
cerebro

hart
corazón

spier
músculo

long
pulmón

lever
hígado

maag
estómago

nieren
riñones

seks
sexo

condoom
preservativo

eicel
óvulo

sperma
semen

zwangerschap
embarazo

menstruatie

menstruación

vagina

vagina

penis

pene

wenkbrauw

ceja

haar

pelo

nek

cuello

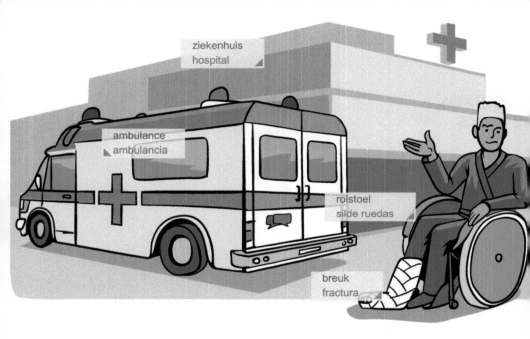

ziekenhuis
hospital

ambulance
ambulancia

rolstoel
silde ruedas

breuk
fractura

dokter

médico

spoed

sade guardia

verpleegkundige

enfermera

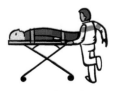

noodgeval

emergencia

bewusteloos

inconsciente

pijn

dolor

verwonding
lesión

bloeding
hemorragia

hartaanval
infarto

beroerte
ACV

allergie
alergia

hoest
tos

koorts
fiebre

griep
gripe

diarree
diarrea

hoofdpijn
dolor de cabeza

kanker
cáncer

diabetes
diabetes

chirurg
cirujano

scalpel
bisturí

operatie
operación

CT
TC

röntgenstraal
rayos x

ultrageluid
ecografía

gezichtsmasker
mascarilla

ziekte
enfermedad

wachtkamer
sade espera

kruk
muleta

pleister
curita

verband
venda

injectie
inyección

stethoscoop
estetoscopio

brancard
camilla

thermometer
termómetro

geboorte
nacimiento

overgewicht
sobrepeso

hoorapparaat
audífono

ontsmettingsmiddel
desinfectante

infectie
infección

virus
virus

HIV / AIDS
VIH / SIDA

medicijn
remedio

vaccinatie
vacunación

tabletten
comprimidos

pil
pastilanticonceptiva

noodoproep
llamado de emergencia

bloeddrukmeter
tensiómetro

ziek / gezond
enfermo / sano

Help!

¡Auxilio!

alarm

alarma

overval

agresión

aanval

ataque

gevaar

peligro

nooduitgang

salida de emergencia

Brand!

¡Fuego!

brandblusser

extintor

ongeval

accidente

EHBO-kit

botiquín de primeros
auxilios

SOS

SOS

politie

policía

Europa

Europa

Noord-Amerika

América dNorte

Zuid-Amerika

América dSur

Afrika

África

Azië

Asia

Australië

Australia

Atlantische Oceaan

Atlántico

Stille Oceaan

Pacífico

Indische Oceaan

Océano Índico

Antarctische Oceaan

Océano Antártico

Arctische Oceaan

Océano Ártico

Noordpool

polo norte

Zuidpool
polo sur

Antarctica
Antártida

aarde
Tierra

land
tierra

zee
mar

eiland
isla

natie
nación

staat
estado

wijzerplaat
....
esfera

uurwijzer
....
manecilde las horas

minuutwijzer
....
minutero

secondewijzer
....
segundero

Hoe laat is het?
....
¿Qué hora es?

dag
....
día

tijd
....
hora

nu
....
ahora

digitale horloge
....
reloj digital

minuut
....
minuto

uur
....
hora

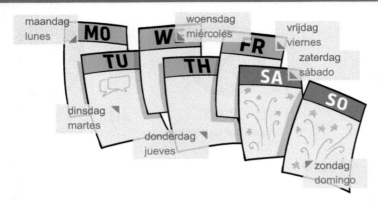

maandag / lunes
dinsdag / martes
woensdag / miércoles
donderdag / jueves
vrijdag / viernes
zaterdag / sábado
zondag / domingo

gisteren
ayer

vandaag
hoy

morgen
mañana

ochtend
mañana

middag
mediodía

avond
tarde

werkdagen
días hábiles

weekend
fin de semana

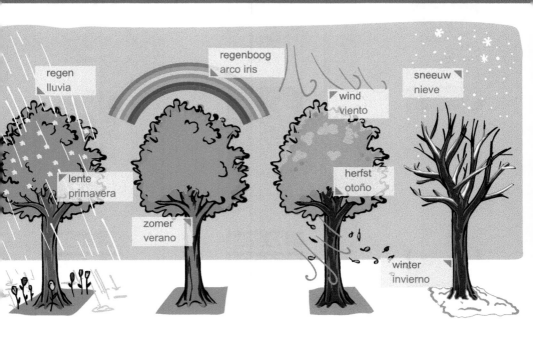

regen
lluvia

regenboog
arco iris

wind
viento

sneeuw
nieve

lente
primavera

herfst
otoño

zomer
verano

winter
invierno

weervoorspelling
pronóstico meteorológico

thermometer
termómetro

zonneschijn
luz dsol

wolk
nube

mist
niebla

vochtigheid
humedad

bliksem

rayo

donder

trueno

storm

tormenta

hagel

granizo

moesson

monzón

overstroming

inundación

ijs

hielo

januari

enero

februari

febrero

maart

marzo

april

abril

mei

mayo

juni

junio

juli

julio

augustus

agosto

september
septiembre

oktober
octubre

november
noviembre

december
diciembre

cirkel
círculo

kwadraat
cuadrado

rechthoek
rectángulo

driehoek
triángulo

bol
esfera

kubus
cubo

wit

blanco

geel

amarillo

oranje

naranja

roze

rosa

rood

rojo

paars

violeta

blauw

azul

groen

verde

bruin

marrón

grijs

gris

zwart

negro

veel / weinig

mucho / poco

boos / kalm

enojado / tranquilo

mooi / lelijk

lindo / feo

begin / einde

principio / fin

groot / klein

grande / chico

licht / donker

claro / oscuro

broer / zus

hermano / hermana

proper / vuil

limpio / sucio

volledig / onvolledig

completo / incompleto

dag / nacht

día / noche

dood / levend

muerto / vivo

breed / smal

ancho / angosto

eetbaar / oneetbaar

comestible / no comestible

kwaadaardig / vriendelijk

malo / amable

opgewonden / verveeld

entusiasmado / aburrido

dik / dun

gordo / flaco

eerst / laatst

primero / último

vriend / vijand

amigo / enemigo

vol / leeg

lleno / vacío

hard / zacht

duro / blando

zwaar / licht

pesado / liviano

honger / dorst

hambre / sed

ziek / gezond

enfermo / sano

illegaal / legaal

ilegal / legal

intelligent / dom

inteligente / estúpido

links / rechts

izquierda / derecha

dichtbij / veraf

cerca / lejos

nieuw / gebruikt

nuevo / usado

niets / iets

nada / algo

oud / jong

viejo / joven

aan / uit

encendido / apagado

open / dicht

abierto / cerrado

stil / luid

silencioso / ruidoso

rijk / arm

rico / pobre

juist / fout

correcto / incorrecto

ruw / glad

áspero / suave

droevig / blij

triste / contento

kort / lang

corto / largo

traag / snel

lento / rápido

nat / droog

mojado / seco

warm / koud

caliente / frío

oorlog / vrede

guerra / paz

cijfers
números

0

nul
cero

1

één
uno

2

twee
dos

3

drie
tres

4

vier
cuatro

5

vijf
cinco

6

zes
seis

7

zeven
siete

8

acht
ocho

9

negen
nueve

10

tien
diez

11

elf
once

12

twaalf

doce

13

dertien

trece

14

veertien

catorce

15

vijftien

quince

16

zestien

dieciséis

17

zeventien

diecisiete

18

achtien

dieciocho

19

negentien

diecinueve

20

twintig

veinte

100

honderd

cien

1.000

duizend

mil

1.000.000

miljoen

millón

Engels

inglés

Amerikaans Engels

inglés americano

Chinees (Mandarijn)

chino mandarín

Hindi

hindi

Spaans

español

Frans

francés

Arabisch

árabe

Russisch

ruso

Portugees

portugués

Bengali

bengalí

Duits

alemán

Japans

japonés

ik
yo

u
tú

hij / zij / het
él / ella

wij
nosotros

u
ustedes

ze
ellos

wie?
¿quién?

wat?
¿qué?

hoe?
¿cómo?

waar?
¿dónde?

wanneer?
¿cuándo?

naam
nombre

achter

detrás

in

en

voor

adelante de

boven

por encima de

op

sobre

onder

debajo de

naast

al lado de

tussen

entre

plaats

lugar